AF349734

LA STATISTIQUE DES FONCTIONNAIRES PUBLICS
en France
et dans les principaux pays d'Europe.

RAPPORT

PRÉSENTÉ

PAR **Fernand FAURE**

Professeur à la Faculté de droit de Paris.

SOMMAIRE :

I. — LA STATISTIQUE DES FONCTIONNAIRES PUBLICS.

§ 1. — La statistique des fonctionnaires publics peut se définir aisément : c'est le dénombrement, à une date fixe ou durant une période donnée, de tous les fonctionnaires publics d'un pays.

Mais que faut-il entendre par « fonctionnaire public » ? C'est là que commencent les difficultés. Ne voulant point faire ici une étude de droit public, nous nous garderons d'entrer

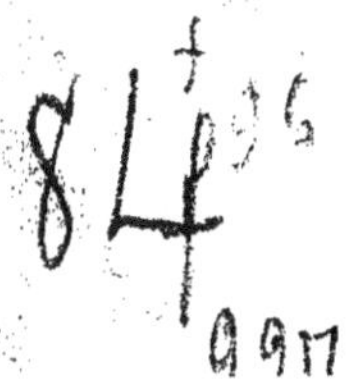

dans l'examen d'une question que les auteurs les plus compétents résolvent, avec une égale autorité, de très diverses façons (1).

Nous nous bornerons à proposer une notion que l'on pourra trouver empirique, mais qui nous semble avoir l'avantage d'être claire et assez commode au point de vue de la statistique. Nous appellerons fonctionnaires publics : tous les agents d'ordre civil que l'État, les départements ou les communes emploient ou ont employés d'une manière permanente et qu'ils rémunèrent en tout ou en partie.

Nous disons : tous les agents *d'ordre civil* et tous les agents rémunérés. Nous entendons, par là, exclure, d'une part, les agents *d'ordre militaire*, aussi bien les officiers que les sous-officiers, caporaux et soldats rengagés ou non et, d'autre part, tous les fonctionnaires gratuits (2). Tout le monde s'accorde, en fait, à restreindre ainsi le sens du mot fonctionnaire. Quand on reproche à notre pays le trop grand nombre de ses fonctionnaires, quand on lui propose de le diminuer par une réforme administrative plus ou moins profonde, quand on discute sur le statut légal des fonctionnaires, sur le droit qu'ils peuvent avoir de s'associer ou de se syndiquer, quand on réclame enfin, à propos de ces multiples questions, une bonne statistique des fonctionnaires, ne songe-t-on pas, toujours et exclusivement, aux *fonctionnaires civils* et aux fonctionnaires rémunérés ?

Il est à peine besoin de faire remarquer que notre définition s'applique également aux fonctionnaires civils *retraités* et rémunérés par une pension, aussi bien qu'aux fonctionnaires civils en activité de service rémunérés par un traitement.

§ 2. — L'utilité de la statistique des fonctionnaires publics n'est pas à démontrer.

Voilà déjà longtemps que personne n'ose plus contester la nécessité du recensement général des professions. Or les fonctionnaires publics forment l'une des huit ou dix grandes caté-

---

(1) Voir : *L'administration de la France. Les fonctionnaires*, par Henri CHARDON, 1908 et *Traité élémentaire de Droit Administratif*, par BERTHÉLÉMY, 5e édition, 1908, p. 46-47.

(2) Les agents d'ordre militaire. armée et marine réunies, formaient d'après le recensement de 1901, une masse de près de 600.000 individus. Et, quant aux fonctionnaires gratuits, on peut en évaluer le nombre à 460.000 environ, dont 450.000 maires, adjoints ou conseillers municipaux.

gories professionnelles que l'on est amené à distinguer dans l'ensemble de la population active d'un pays.

Mais, à ne considérer que les services publics, n'est-il pas évident que l'État doit savoir, à tout instant, le nombre exact de ses serviteurs, comme le patron d'une entreprise privée bien conduite sait le nombre de ses ouvriers ou employés? C'est pour lui une véritable nécessité. Comment organiser le travail dans un service, comment le surveiller et en contrôler le rendement, si on ne connaît pas le nombre des agents chargés de l'accomplir ? Et comment aussi donner à la comptabilité budgétaire la précision qu'elle exige, si on ne connaît pas le nombre des agents dont les traitements sont inscrits au budget des dépenses? On sait le chiffre énorme qu'ont atteint, dans nos budgets modernes, les dépenses dites de personnel. Qu'on veuille contrôler ces dépenses dans un budget exécuté ou en voie d'exécution, qu'on veuille les prévoir s'il s'agit d'un projet de budget à établir, la connaissance du nombre des fonctionnaires publics est également indispensable, des fonctionnaires à la retraite aussi bien que des fonctionnaires en activité.

§ 3. — On a fait pendant longtemps, en France, ce qu'on a fait pour la population totale du pays. Au lieu d'en demander le nombre à un dénombrement, on l'a demandé à une simple évaluation. Quand M. de Montyon, caché sous le nom de Moheau, dans ses « Recherches et considérations sur la population de la France » (1778), nous dit (p. 108-116) : « Il n'est peut être point de pays où l'administration emploie autant d'agents qu'en France : les ministres, les ambassadeurs, les intendants, les commis, les employés de toute espèce, pour tout genre d'opérations, forment un peuple entier », il ne connaît assurément pas le nombre exact des personnes dont ce peuple était formé. De même quand Necker, dans « L'Administration des Finances de la France » (1784 (t. I, ch. VIII, p. 193-201), nous parle du nombre des agents et employés du fisc, qu'il évalue à environ 250,000 personnes (1), c'est d'une pure approximation qu'il fait usage, « les recherches que j'avais commencées, dit-il, pour parvenir

____

(1) Sur lesquelles, ajoute Necker : « 35.000 seulement qui dévouent tout leur temps au recouvrement des impôts ou à surveiller la contrebande. »

à connaître le nombre exact des employés du fisc, n'ayant pas été achevées avant la fin de mon administration ».

Nous sommes un peu plus avancés aujourd'hui qu'on ne l'était à la fin du XVIII⁰ siècle.

Non point que nous puissions nous flatter, même en 1910, de posséder enfin une statistique parfaite de nos fonctionnaires publics. Mais, du moins, les chiffres que nous possédons sont-ils fournis par des dénombrements. On ne compte pas encore avec toute la rigueur voulue, avec tout le soin nécessaire. Mais on compte. Et, en vérité, il ne pouvait guère en être autrement. Voilà trente ou quarante ans que l'on discute, non seulement dans les livres et les revues, dans les académies et les sociétés savantes, mais dans la presse quotidienne et dans les assemblées délibérantes, sur le point de savoir, par exemple, si la France a ou non plus de fonctionnaires qu'il ne lui en faut; si elle en a trop, dans quelle mesure il convient d'en diminuer le nombre et de combien de millions une diminution raisonnée permettrait de faire l'économie. Comment aborder de telles questions si l'on n'a pas à sa disposition une statistique des fonctionnaires publics suffisamment détaillée et d'une exactitude indiscutable?

Mais ce dénombrement peut être opéré de différentes façons.

A. Un premier procédé consiste — pour les agents de l'Etat tout au moins — à rechercher le nombre des fonctionnaires dans les chiffres et dans les détails fournis annuellement par le projet de budget des dépenses. C'est ce qu'on peut appeler le dénombrement par voie budgétaire.

Il est vrai que l'on peut arriver à découvrir le nombre total des fonctionnaires quand on connaît, d'une part, le chiffre des divers traitements attribués à chaque catégorie d'agents et, d'autre part, la somme globale des traitements payés par l'Etat. Mais le calcul est singulièrement compliqué par la grande diversité des traitements. Il ne peut guère donner que des résultats approximatifs.

De même, les indications données dans les chapitres du projet de budget des dépenses sur le nombre des agents dont on prévoit la rémunération pendant une année, sont très rarement exactes. Elles ne peuvent l'être que pour les catégories dans lesquelles les fonctionnaires sont très peu nombreux. Pour la masse des fonctionnaires, elles ne donnent que des moyennes annuelles qui sont parfois sensiblement éloignées de la réalité.

Aussi bien, la plupart des statisticiens qui ont essayé d'appliquer aux fonctionnaires le recensement par voie budgétaire, MM. Maurice Block, V. Turquan, Alfred Neymarck, ont-ils reconnu son insuffisance.

B. Le recensement professionnel, englobé depuis 1896 dans le recensement quinquennal de la population française, nous fournit le second procédé de dénombrement des fonctionnaires. Et celui-ci a, sur le premier, l'avantage de s'appliquer aux fonctionnaires des départements et des communes, aussi bien qu'à ceux de l'Etat.

Si l'on consulte les volumes publiés sous le titre de « Résultats statistiques du recensement des industries et professions », soit après le dénombrement général du 29 mars 1896, soit après celui du 24 mars 1901, on y trouve, dans une section 9, sous la rubrique : « Services de l'Etat, des départements et des communes », de longues colonnes de chiffres nous donnant le nombre des diverses catégories de fonctionnaires publics.

Mais que valent ces chiffres? Quelle confiance devons-nous leur accorder?

Sans aller aussi loin que notre éminent ami, M. de Foville, qui voyait, il y a quelque vingt ans de cela, dans le recensement professionnel un « mode d'information illusoire »(1), nous sommes obligés de confesser que, par sa nature même, le recensement des professions opéré en même temps que le dénombrement général de la population, est encore un procédé fort imparfait. Tout le monde sait que la profession y est relevée, soit par la déclaration de ceux qui l'exercent, soit par l'appréciation des recenseurs. Or, cette déclaration et cette appréciation, même en ce qui concerne la profession de fonctionnaire public, pourtant facile à discerner en général, sont souvent faussées par la négligence et l'ignorance de ceux qui les font.

Aussi bien l'emploi d'une autre méthode était-il réclamé depuis longtemps par tous ceux qui désirent voir nos statistiques officielles se rapprocher de la vérité autant qu'il est possible.

C. Nous trouvons là l'origine d'une disposition inscrite dans la loi de finances du 23 avril 1905. Un état L, annexé à cette loi, est venu prescrire à tous les ministères de « fournir au Parlement, *en même temps que chaque projet de budget,* un relevé présentant, au 1ᵉʳ janvier précédent, les fonctions

---

(1) Voir : *La France Économique*, année 1887, page 49.

de toute nature, rétribuées en tout ou en partie sur le budget de l'Etat et sur les budgets des départements et des communes, et, pour chaque fonction, le nombre des fonctionnaires correspondant. »

Ceux qui ont inspiré et adopté cette mesure ont évidemment pensé que notre administration française, sans atteindre, plus qu'aucune autre, la perfection, est assez fortement organisée et fonctionne assez régulièrement pour être capable, par ses bureaux du personnel et ses bureaux de comptabilté, de connaître, à une unité près et à chaque instant, le nombre de ses agents de toute nature. Et nous sommes convaincus qu'ils ne se sont pas trompés.

Le tout est de savoir comment la mesure a été comprise et éxécutée.

Ici, comme à peu près en toutes matières, nous sommes en présence de deux méthodes très différentes, qui peuvent être employées dans un dénombrement de quelque étendue.

Il y a la méthode du dénombrement *morcelé*, chaque service particulier opérant lui-même le relevé des données qu'il doit recueillir et le transmettant, par une série d'intermédiaires plus ou moins nombreux, à l'autorité chargée de la publication des résultats.

Il y a, en second lieu, la méthode du dénombrement *centralisé*. Cette méthode comporte essentiellement l'emploi de bulletins ou fiches correspondant à chacune des unités soumises au dénombrement. La seule obligation qu'elle impose aux services particuliers, c'est de remplir leurs fiches et de les transmettre à un service central — le service de la statistique générale est tout naturellement désigné pour cela — qui a pour mission de les compter et de classer, après les avoir dépouillées, les diverses données qu'elles contiennent.

La supériorité du dénombrement centralisé n'est aujourd'hui contestée par personne. Il a le double avantage de diminuer beaucoup le nombre des erreurs et d'obtenir une meilleure utilisation des données élémentaires. C'est lui qui a fini par triompher dans la plupart des pays civilisés, non seulement pour le recensement général de la population. mais pour celui des actes de l'état civil et pour celui des professions. C'est lui qui semblait tout naturellement indiqué pour nous donner, en exécution de la loi de finances de 1905, une bonne statistique des fonctionnaires français.

C'est dans ce sens que s'est très fermement prononcé, en novembre 1905, le Conseil supérieur de statistique réuni et consulté à ce sujet. Les vœux qu'il a exprimés sont restés malheureusement, pour une grande part, des vœux platoniques (1). Les ministres du commerce et du travail ont vainement insisté auprès de leurs collègues. Quelques-uns se sont mis à l'œuvre et, grâce à leur bonne volonté, le service de la statistique générale de la France avait reçu, le 25 janvier 1908, 330,000 bulletins individuels sur les 708,000 fonctionnaires comptés au 31 décembre 1906. Mais d'autres ont répondu en parlant du travail considérable et des dépenses importantes qu'exigerait l'enquête, et d'autres n'ont même fourni aucune réponse. Si bien que, pour les années 1907, 1908 et 1909, il n'a même plus été question d'appliquer la méthode du dénombrement centralisé, avec les bulletins individuels proposés par le Conseil supérieur de statistique. C'est la vieille et insuffisante méthode du dépouillement morcelé qui a été employée et qui s'est heurtée, paraît-il c'est le rapporteur général du budget de 1907 qui nous le dit luimême (2) « à de très sérieuses difficultés pratiques. ».

Le relevé prescrit par l'état L a été, jusqu'à présent, fourni quatre fois, à la date du 1er janvier 1906, du 1er janvier 1907, du 1er janvier 1908 et du 1er janvier 1909. Il est donc permis d'apprécier la valeur de ce document statistique nouveau. Il est encore loin, malheureusement, de réaliser les espérances que l'on avait pu concevoir.

Une première faute a été commise. Ceux qui devaient veiller à l'application de la loi du 23 avril 1905 ont entrepris le dénombrement des fonctionnaires rétribués en tout ou en partie sur le budget de l'Etat, des départements et des communes, sans prendre la précaution de définir à l'avance les fonctionnaires de l'Etat, des départements et des communes. Une définition quelconque, même contestable, était nécessaire pour assurer l'uniformité du dénombrement.

Cette première faute en a engendré naturellement une seconde. Les conceptions qui ont présidé au dénombrement

(1) Voir : *Le Bulletin du Conseil supérieur de Statistique*, n° 10, 1908, p. 34 à 37. On trouve, dans ce même fascicule (p. 81 et 82), le modèle de bulletin individuel et de bordereau par service arrêté par le Conseil supérieur de Statistique.

(2) Voir le rapport supplémentaire de M. Mougeot, n° 556, page 111.

ont changé d'une année à l'autre. Ainsi, au 1er janvier 1906, on ne fait pas entrer les militaires parmi les agents de l'Etat dénombrés. Or, au 1er janvier 1907, on englobe dans les fonctionnaires publics de l'Etat plus de 148,000 officiers, sous-officiers, caporaux et soldats rengagés ! Et on ajoute anisi d'un trait de plume 148,686 unités aux 442,063 relevées en 1906 ! En 1906 et en 1907 on omet les débitants de tabac de première classe parmi les agents de l'Etat dépendant du ministère des finances. On les y introduit en 1908. En 1906, 1907 et 1908, les sapeurs-pompiers sont comptés parmi les agents des communes. On les retranche purement et simplement en 1909.

De telles variations ne sont pas seulement regrettables parce qu'elles rendent difficilement comparables les chiffres de dénombrement successifs. Elles sont encore déconcertantes par la façon dont elles sont opérées. Voici, par exemple, l'augmentation de 16,003 unités qui apparaît dans le chiffre des agents dépendant du ministère des finances au 1er janvier 1908. On nous l'explique par l'omission des débitants de tabac de première classe (1). Mais on oublie sans doute que le nombre total des débitants de tabac, rémunérés sur le budget de l'Etat et dépendant du ministère des finances, était, en 1908, non pas de 16,000, mais de 47,447 (2), et on nous laisse dans l'incertitude au sujet des 31,444 débitants dont on ne souffle mot. Pour le moins aussi singulier est l'exemple que nous fournit le retranchement des sapeurs-pompiers opéré le 1er janvier 1909. On nous apprend. sans dire pourquoi, que les sapeurs-pompiers « avaient été compris, *par erreur*, dans les états des années antérieures (3) », et on ajoute qu'ils figuraient, dans l'état du 1er janvier 1908, au nombre de 12,008. Or, les fonctionnaires communaux atteignaient, le 1er janvier 1908, y compris les sapeurs-pompiers, 143,501 agents. On s'attend à voir ce chiffre, diminué de 12,000 unités, tomber, au 1er janvier 1909, à 131,500. Point du tout. Il reste à 135,223. Et cela toujours sans aucune explication.

Ce n'est pas tout. Il y a quelque chose de plus grave encore

(1) Voir Projet de budget de 1909, 1er volume, p. 120.

(2) Voir *Bulletin de Statistique et de législation comparée*, Ministère des Finances, janvier 1910, p. 34.

(3) Voir Projet de budget pour 1910, tome I, p. 138.

peut-être, c'est l'inobservation partielle de la disposition de la loi de finances de 1905. Qu'exige, en effet, cette disposition ? C'est un relevé *détaillé* des fonctions de toute nature, et, *pour chaque fonction*, le nombre des fonctionnaires correspondant. Cela est si vrai que l'on n'a pas manqué de nous donner ce relevé détaillé, au moins pour les services dépendant de l'Etat, au 1er janvier 1906, dans le rapport supplémentaire de M. Mougeot sur le budget de 1907 (1). Mais, depuis cette époque, on a remplacé le relevé *détaillé* par un relevé global et nous n'avons aucune indication sur le nombre des fonctionnaires « correspondant à chaque fonction ». D'où il suit qu'il peut se produire, dans des administrations qui comptent cent mille agents et au delà, comme l'Instruction publique, les Postes et les Finances, des augmentations ou des diminutions de personnel, ou même de simples remaniements intérieurs, sans que nous puissions savoir quelles catégories de fonctionnaires ont été touchées.

On nous donne sans doute un tableau que la loi de finances n'a pas réclamé et qui est des plus intéressants. C'est le tableau, par ministère, des agents de l'Etat, des départements et des communes, *par nature de pensions*. Mais cela ne saurait nous faire oublier les défauts et les lacunes que nous venons de signaler.

Voilà qui prouve surabondamment qu'il est indispensable d'apporter une certaine prudence dans l'emploi des données statistiques que nous possédons sur les fonctionnaires publics français. Cette prudence est, par malheur, extrêmement rare. Ce n'est pas seulement au public peu éclairé qu'elle fait défaut, à ce public qui prend sans discernement les premiers chiffres venus et qui accepte aussi aisément — plus aisément peut-être — des chiffres faux que des chiffres vrais. C'est à nos maîtres les plus autorisés du droit administratif. C'est ainsi que MM. Berthélémy et Henri Chardon recueillent gravement les chiffres inscrits dans le tableau annexé au projet de budget de 1908 et qu'ils donnent l'autorité de leur savoir, l'un (2) au chiffre de 900,000, l'autre (3) au chiffre de 800,000

---

(1) Voir Chambre des Députés, séance du 12 décembre 1906, n° 536, p. 112-128.

(2) Voir BERTHÉLÉMY, op. cit., p. 122.

(3) Voir Henri CHARDON, op. cit., p. 135-153. M. Chardon émet quelques

fonctionnaires français. Alors qu'il leur eût suffi de jeter un coup d'œil sur les notes qui accompagnent le tableau pour découvrir que ces chiffres formidables, loin de révéler un grossissement subit de la légion de nos fonctionnaires civils, sont dus à l'addition parfaitement injustifiée de plus de 136,000 officiers, sous-officiers, caporaux et soldats rengagés !

Sous le bénéfice de ces explications et de toutes les réserves qu'elles comportent, nous allons présenter maintenant quelques données statistiques. Nous nous bornerons, pour aujourd'hui, aux données de la statistique purement *administrative*. Nous laisserons de côté les données de statistique *démographique* recueillies par MM. Bertillon et March, conformément au programme élaboré par une commission spéciale du Conseil supérieur de Statistique. L'étude de nos savants collègues n'a porté, jusqu'ici, que sur 12,875 familles (1). Mais nous savons qu'elle est activement poursuivie et nous ne manquerons pas, à l'occasion, d'en signaler les très intéressants résultats.

II. — La statistique des fonctionnaires français.

Nous distinguerons le statistique des fonctionnaires en activité et celles des fonctionnaires à la retraite.

Pour les fonctionnaires en activité, nous userons exclusivement des données statistiques fournies par l'administration, en exécution de la loi de finances de 1905. Nous laisserons de côté les évaluations obtenues par voie de recensement budgétaire ou à l'aide d'informations recueillies à titre personnel par certains statisticiens (2). De même, nous nous bornerons à signaler ici, pour mémoire, une évaluation administrative fournie vers 1885, à la demande d'une commission de la Chambre des Députés chargée d'examiner une proposition de loi de M. Ballue, tendant à la réforme de nos impôts directs. Cette évaluation est d'une insuffisance manifeste. Il suffit, pour

doutes sur le chiffre de 870.000 fonctionnaires que lui révèle la statistique officielle. Il craint des doubles emplois. Mais la vérité lui a totalement échappé, ainsi que le prouve la lecture, d'ailleurs toujours agréable, de son chapitre intitulé : « Les huit cent mille fonctionnaires ».

(1) Voir : *Bulletin du Conseil supérieur de Statistique*, n° 10, p. 46-110.

(2) Voir Victor Turquan : *Essais de recensement des employés et fonctionnaires de l'Etat*, 1899. (Brochure de 100 pages, extraite de la *Réforme sociale*.)

s'en convaincre, de parcourir les quelques tableaux annexés
au rapport présenté par M. Balluc sur sa propre proposition
(V. Chambre des Députés. Séance du 26 novembre 1886.
N° 1,314. p. 128 et 247-253).

LES FONCTIONNAIRES CIVILS EN ACTIVITÉ DE SERVICE.

TABLEAU I.

*Les fonctionnaires civils rémunérés en tout ou en partie sur
le budget de l'Etat, des départements et des communes.*

(Chiffres totaux) (1).

1er janvier 1906.		1er janvier 1907.		1er janvier 1908.		1er janvier 1909.	
État.	Départem^{ts} et communes.	État.	Départem^{ts} et communes.	État.	Départem^{ts} et communes.	État.	Départem^{ts} et communes.
453,101	249.495	477.724	250,070	479,989	260,301	486,676	271,002
Total : 702,596		Total : 727,794		Total : 740,290		Total : 757,678	

(1) A titre de renseignement, voici les chiffres totaux donnés dans les
résultats des recensements professionnels, opérés le 29 mars 1896 et le
24 mars 1901 :

29 mars 1896. Nombre des agents de l'Etat, des départements et des communes (armées de terre et de mer non comprises) : 680,000.

24 mars 1901. Nombre des agents de l'Etat, des départements et des communes (armées de terre et de mer non comprises) : 700,000.

Mais il faut déduire de ces deux chiffres, pour les rendre à peu près comparables
à ceux de 1906-1909, le nombre des membres des divers clergés qui s'y trouvent
compris et qui ne figurent plus dans les états de 1906-1909. Ce nombre est de
62,410 dans le recensement de 1896 et de 95,262 dans celui de 1901. Ce qui
réduirait le total des fonctionnaires civils à 617,590 pour 1896 et 604,738 pour
1901. L'écart qui apparaît entre le nombre des membres des divers clergés en
1896 et en 1901 appellerait une explication. Il nous est impossible de la découvrir. (Voir : *Résultats généraux du Recensement de 1896*, t.4, p. 254, et *Résultats
généraux du Recensement de 1901*, t. 4, p. 584.)

Tableau II.

Les fonctionnaires civils rémunérés sur le budget de l'Etat, des départements et communes par ministères (1).

MINISTÈRES.	1er janvier 1906. Etat.	Départemts et communes.	1er janvier 1907. Etat.	Départemts et communes.	1er janvier 1908. Etat.	Départemts et communes.	1er janvier 1909. Etat.	Départemts et communes.
Finances	132,312	326	133 421	326	134,001	311	133.603	310
Justice	12,303	1.067	12 301	1 067	12,396	1.067	12,335	1.067
Justice : Cultes.	36	»	36	»	36	»	40	»
Affaires Etrangères	.952	»	918	»	926	»	915	»
Intérieur	5,432	218,812	5.432	218.812	6 815	228.031	6 971	238 052
Guerre (2	37,066	»	30,204	»	28,537	»	28,993	»
Marine (2)	30,678	»	30,001	»	28,958	»	28 891	»
Instruction publique	127,036	13,118	129,187	13 410	129 798	13.719	131,420	13.849
Instruction publique : Beaux Arts	1,523	»	1,579	»	1 590	»	1 578	»
Commerce	2,376	»	2,688	»	2 718	»	3.272	» ,
Travail	327	»	405	»	433	»	444	»
Colonies	1.093	»	1,262	»	1,263	»	1,242	»
Agriculture	7.149	3,390	7,380	3,598	7,581	3 490	7,665	3.490
Travaux publics	20,713	1,076	20 362	1,082	20.089	1.068	19.435	1,060
Travaux publics : Postes et Télégraphes.	94,105	11.706	102.518	11.775	104.838	12,613	108,872	13.172
Totaux	433.101	249.495	477,724	250.070	479,989	260,301	486.676	271 002
	702.596		727,794		740.290		757.678	

(1) Le tableau ci-dessus est fait avec les chiffres fournis par les quatre états publiés en application de la loi de finances de 1905. Toutefois, et en vue de les rendre comparables, nous y avons introduit quelques modifications. C'est ainsi que nous avons retranché des états de 1907, 1908 et 1909 les officiers, sous-officiers, caporaux et soldats rengagés, s'élevant au nombre de 136,000 environ, et que nous avons opéré dans les quatre états les remaniements relatifs aux débitants de tabac de première classe et aux sapeurs-pompiers.

(2) Le personnel ouvrier représente la grande majorité des agents civils des Ministères de la Guerre et de la Marine En 1907 il atteignit 25,044 pour la Guerre et 25,474 pour la Marine.

TABLEAU III.

Les fonctionnaires civils rémunérés sur le budget de l'Etat, des départements et des communes, d'après la nature de leur pension de retraite.

Au 1er janvier	Pensions régies par la loi du 9 juin 1853.	Autres pensions.	Sans pension.	Totaux.
1906	286 116	186,067	230,413	702,596
1907	296 309	189 589	241,896	727,794
1908	299,770	179,304	261,216	720,295
1909	309,445	191 676	256,557	722 849

TABLEAU IV (1).

Les fonctionnaires civils à la retraite rémunérés sur le budget de l'Etat.

(Loi du 9 juin 1853.)

Années.	Nombre des agents admis à la retraite.	Age moyen des agents admis		Nombre des retraités décédés.	Age moyen des retraités.		Nombre total des agents retraités au 1er janvier.
		Service sédentaire.	Service actif.		Service sédentaire.	Service actif.	
1900	4,056	62 ans et 1 mois.	55 ans et 1 mois.	3 781	73 ans et 8 mois.	71 ans et 2 mois.	(2) 55,049 (1901)
1905	5,576	62 ans et 1 mois.	56 ans et 1 mois.	3.828	74 ans et 5 mois.	70 ans et 2 mois.	(2) 59,608 (1906)
1908	5.245	62 ans et 7 mois.	55 ans et 8 mois.	3,934	74 ans.	70 ans et 3 mois.	(2) 63,475 (1909)

(1) Les éléments de ce tableau sont empruntés aux documents trésé s taillés, très soignés et trop peu utilisés que l'on trouve, sur les Pension civiles, dans le *Compte général de l'Administration des Finances*, 2me volume, *Compte de la Dette publique.*

(2) Ces nombres sont ceux des agents de l'Etat. Ils ne comprennent pas leurs veuves et orphelins appelés à bénéficier aussi de la loi de 1853 et dont le chiffre atteignait 41,489 au 1er janvier 1909.

TABLEAU V.

*La statistique internationale des services publics,
d'après les recensements de 1889 et 1901.*

	Nombre total.	Nombre d'agents par 10,000 habitants.
France	700,000	176
Grande-Bretagne . .	305,530	73
Allemagne	714,860	126
Italie.	444,061	136
Autriche-Hongrie . .	569,685	125
Belgique	134,366	200
Suisse	46,475	140
États-Unis	864,740	113
Russie	575,980	62
Danemark	33,449	136
Norvège	25,200	112
Suède	67,286	131

Ces chiffres sont empruntés : 1° pour le nombre des agents des services publics, au tableau inséré dans les Résultats statistiques du recensement général français du 24 mars 1901. T. IV. P. 986-987. 2° : pour le nombre des habitants des divers pays à l'Annuaire statistique de France de 1906, P. 135. Nous les donnons à titre de renseignement et sous les plus expresses réserves.

Dans quelle mesure sont-ils comparables ? Il est sans doute impossible de le dire. Il est toutefois permis de présumer qu'ils le sont suffisamment pour que leur rapprochement puisse offrir quelque intérêt. Dans tous les cas, ils nous fournissent l'occasion d'exprimer le vœu qu'une entente intervienne entre les principaux pays civilisés, en vue d'établir sur des bases communes la statistique de leurs agents des services publics.

On peut, au point de vue statistique, discuter sur la valeur des tableaux qui précèdent. On ne saurait guère, malgré cela, contester leur intérêt. Les chiffres qu'ils contiennent sont indispensables à tous ceux, hommes de gouvernement ou hommes d'étude, qui veulent aborder et résoudre les multiples et difficiles problèmes que suscite aujourd'hui le fonctionnement de nos services publics.